W

Oh du liebes gutes Jesuskind, du bist geboren
der Ganzen Welt und hattest nie einen Pfennig
Geld.
Du hast gesorgt mit deiner Lieb, dass alle Welt
zusammenhält. Du bist geboren für uns alle,
wer an Dich glaubt wird ewig Leben.
Nur musst uns Deine Liebe geben.
Wir danken Dir für jeden Tag, den Du uns
deine Liebe gabst.

W

Drei Könige sind gegangen, des Jesus Liebe
bleibt uns Allen.
Gott danke Dir für Deinen Sohn.
Er bleibt des Lebens Lohn.

W

Du bist nicht alt, du bist nicht jung.
Erst warst ein Grund, was zu halten ist.
Nun bist du alt, nicht mehr Gebraucht und viel
mehr Arbeit machst Du auch.
Verzeih, wenn ich geh, wenn Dein Weg mich
nicht Begleitet, werden wir uns nimmer seh´n.
Du bist was ich wollte und nicht halten konnte.

W

Oh wunderbarer Euro du Teuro, hast viele
Menschen in Armut und Grab gebracht. Du bist
nicht schuld, du hast kein Recht, Politiker sind
nie schlecht.
Sie haben Geld sie haben Gut, sie darben nicht
an Hungersnot.
Oh Euro verzeih dein Leben, sollte nicht lange
währen.
Diese schönen Politiker sollen spüren, dass du
nicht kommen wolltest.
Oh wie sie dich hassen.
Doch Politiker die dich lieben sollten, beten
das es kein Klein- oder Großkrieg gibt.
Es könnte an ihren Euro Teuro gehen.

W

Nun sitzt Du im Zug und fährst wieder Heim,
und ich bin wieder ganz allein, doch Du
kommst wieder, dass ist gut und gibt mir
wieder ganz viel Mut.

W

Du gibst uns Hoffnung durch Jesu tot, warum
nahmst Du alles was Hoffnung tut.
Wir sind nicht das was du dir denkst, wir sind
Menschen also Mensch.
Du bist Gott der Vater, der sorgen muss für
diese Marter ewiglich.
Du tust es nicht, verliere nicht dein Gesicht.
Wir sind Menschen haben Rechte, wie du die
Macht, der Mächtige.
Verzeih es musste mal geschrieben sein.

W

Du willst geliebt werden von Mensch und Tier,
doch was tust du dafür.
Gebe den Kreaturen die du erschufst, auch
deine Liebe und Gravur.
Wir danken dir dafür, doch was machst du aus
Mensch und Tier.
Du hast sie erschaffen, sorge dafür, wie eine
Menschen-Mutter oder Tier für ihre Kindlein
hier.

W

Warum verzeihst Du nicht, hatte ohne dich kein
Gesicht.
Dachte Du bist lieb und gut, doch deine Liebe
ist voller Wut.
Warum Hoffnung, warum warten, der Garten
Eden ist die Hoffnung die du gabst.
Von Hoffnung keine Spur, doch lege weiter
deine Spur.

W

Gott hüte dieses Haus, war Armut Darbheit
lang zu Haus.
Ich bitte dich sei gut zu meinen Kindlein- und
Enkelein und alles was dazu gehört.
Du kannst es ich weiß es, ich danke dir immer
dafür.

W

Wenn du mal ganz alleine bist, und die Zeit so
einsam ist, denke daran das da jemand ist,
dessen schönster Traum du bist.

W

Oh Maria Mutter Jesus mein, werde auch du meine Schmerzensmutter sein. Du hast den Heiland geboren, dass er sein Leben lassen musste, für uns erkoren. Bitte für dich und nicht für mich, denn dein Sohn erleidete Schmerz und Pein fürs Menschensein. Bitte Jesus mein, möge er der Menschheit gewogen sein.

11

W

Nur einen Pfarrer, den ich schätze hör ich an
die Predigt dich ich möchte.
Auch Pfarrer sind nicht immer gleich. Gott gab
das Wort, wir glauben ihm, darum sein Wort
nicht ohne Ihn. Gott gebe alle Zeit für alle
deine Herrlichkeit.

W

Glück meines Lebens, warum bist du bei mir,
alle anderen wollen dich fort von mir sehen.
Liebe ist bei denen Sünde.
Sie sahen mich nie als Mensch, ich kenne sie
nicht, sie mich auch nicht. Wir gehen fort, das
ist nicht nur ein Wort.
Drum geh´n wir fort, und ihr bleibt vor Ort.

W

Es gibt kein wiederkommen, ihr habt´s so
gewollt.
Es gibt auch eine schöne Zeit im Namen
Gottes der Herrlichkeit.
Seit zufrieden und seit glücklich, wir werden
euch vermissen nicht, denn Gott der Herr hat
ein Gesicht.

W

Heute ist dein Ehrentag, du bist geboren an
diesem Tag.
Gott gab dir Leben und gute Gaben.
Deine Mutter dir den Namen und Gott die
Gnade die er mag.
Du gibst den Menschen die dich lieben, Glück
und ein gutes leben.
Bleib wie du bist, alles andere wertlos ist.
Das wünschen dir ein Clan aus Freiburg hier.

W

Geliebter Gott, die Tiere hast du auch
geschaffen, in deiner Güte sie leben lassen.
Erbarme dich ihrer sie sind es wert, sie schauen
nicht nach Geld und Gut.
Sie lieben und sind treu und haben Mut.
Der Mensch denkt ich bin es wert.
Hätte der Mensch etwas vom Tier, wie
glücklich wäre der Menschheit hier.

W

Du bist traurig, du hast Kummer, das Leben ist
nun mal kein Hummer.
Das Leid es kommt, das Leid vergeht, doch der
Schmerz im Herzen nie vergeht, die Liebe
bleibt oh Kindlein mein, du warst doch sehr
lange mein.
Nun bist du fort und wartest auf mich, in
meinen Gedanken besuche ich Dich.
Einst werden wir wieder zusammen sein.
So lang sind meine Gedanken Dein.

W

Nun bist Du fort, in bin allein, ein Abschied
kann so grausam sein.
Doch kommst Du wieder, glaub fest daran,
darum werd ich wieder fröhlich sein.
Noch fließen Tränen, sie müssen vergehen,
weil wir uns doch bald wiedersehen.

W

Die Sonne lacht, ich bin erwacht, ich bin gut
drauf, drum steh ich auf.
Drum Menschen seit zufrieden, wir werden nur
das kriegen, dass die Natur ewig macht, solang
der Mensch sie nicht kaputt gemacht.
Denkt an den Regenwald, den Großen, ist er
bald klein, werden wir ganz winzig sein.

W

Du guter Gott, ich liebe Dich, ich denke das du
bist, nicht ein Gedicht.
Du bist des Menschen Glück allein, denn jeder
der an dich nur glaubt, trägt deine Hand auf
seinem Haupt.
Mit Stolz würde ich sie tragen.
Doch niemals deine Schmerzen haben, die du
gelitten, als dein Sohn sein Leben gab, für
Sünden-Lohn.
Vergib uns Sünder, denk daran, wir sind
Menschen, für immer erkoren, Dich zu loben.

W

Des Menschen Unzufriedenheit heißt dürre,
trocken,heiß zu kalt, nicht zu vergessen
Kinderlosigkeit.
Gib Hoffnung diesen armen Seelen, sie sollten
auch eins mit Dir Leben.
Nun nehme sie in deinen starken Arm, da sind
sie sicher und haben´s warm.
Vergesse nie die Hoffnung nicht, denn er ist da,
und bricht nie seine Worte nicht.

W

Der Winter geht der Frühling ist da, des
Herzens Duft ist ja so klar.
Ach du mein Gott ich danke Dir, nur von Dir
ist die Natur, der Mensch er denkt so viel, doch
kommt er ohne Dich nie zum Ziel.
Verzeih uns diese große Sünde.
Doch wir sind Menschen, nicht wie du, das
wäre schrecklich immerzu.
Du bist der Große, wir die Kleinen.
Gott lass es immerzu so bleiben.

W

Leider bist du nur ein Tier, dein Herrchen ist so weit von dir.

Den Boden kannst du nicht benutzen, den will er eben auch nicht putzen.

Er will dich haben ohne Mühe, die Arbeit ist nun mal zu viel.

Er ist kein Hund verzeih es ihm, er weiß nicht was mal wird aus ihm.

Darum Mensch, auch ohne Grund, wird's manches mal auch einem Tier zu bunt.

W

Geliebtes Tier er nahm dich mir.
In meinem Herzen lebst Du weiter und bist
immer fröhlich und heiter.
Die Erde deckt dich für immer zu, dein Sohn
bleibt, deckt mein gebrochenes Herze zu.
Er ist nicht du, lacht nicht so fröhlich.
Er ist ein Schatz genau wie auch du, doch
lachen konntest nur Du.

W

Jedes Leben hat einen Sinn, nur selten führt er
dich dahin.
Wo ist der Weg, wo führt er hin.
Das Leben hat doch immer einen Sinn.
Der Mensch denkt oft, wo soll ich hin, der
Wind, der Regen, die Natur hat nur einen Sinn,
des Menschen Glück, da muss er hin.

W

Die Augen so blau wie des Himmels bleu,
warum ist dein Hochzeitskleid so anders nicht
wie die Zeit.
Die Zeit ist vergangen, der Schnee deckt dich
zu, ich liebe dich immerzu.

W

Warum kleines Mädchen mit Sorgen?
Deine Mutter ist da und es gibt einen Morgen.
Ist er da, der Morgen, gibt es nie mehr Sorgen

W

Du kleines Kind, nun bist du groß, einst lagst
Du in Mutter´s Schoß.
Nun bist Du allein, ihre Sorgen werden bei dir
sein.
Gott helfe Dir, wie einst mal ihr.
Du großes Kind Gott helfe Dir.

S

Die schöne Welt hat Gott für uns geschaffen,
nur was die Menschen daraus machten, ist
mehr zum Weinen als zum Lachen.
Der Treibhauseffekt lässt die Pole tauen.
Die Ozonschicht geht so langsam vor die
Hunde, und die Menschen können nur dumm
schauen.
Es wird viel geredet und nichts getan.
Irgendwann ist es zu spät, und wenn es den
Menschen dann nicht mehr gibt, wird sich der
Planet erholen.

S

Der Winter geht, der Frühling ist im kommen,
darum sind wir auch alle sehr benommen.
Doch nach dem Frühling lacht uns immer noch
der Sommer, doch wie früher ist er nimmer.
Mal ist er kalt, mal ist er heiß und regnen tut´s
auch immer heftig.
Doch wo es regnen sollte auf dieser Welt, ist
Trockenheit.
Doch auf den Polen, wo es immer war sehr
kalt, wird's langsam wärmer, was nicht gut.
Und auch der Herbst ist nimmer was er einmal
war.
Hoffentlich werden die Menschen einmal
klüger, denn die Natur käme ohne sie viel
besser zurecht.

W= gedichtet von Weps
S= gedichtet von Schwehr

DIE NATUR KOMMT OHNE
DEN
MENSCHEN AUS,
NUR DIE MENSCHEN NICHT
OHNE DIE NATUR

+

ROSEMARIE WEPS
GESTORBEN
WORDEN AM
16.05.2012

Herstellung und Verlag:
BoD – Books on Demand, Norderstedt
ISBN: 978-3-8482-0229-4